I0805451

JE DÉCOUVRE MA COMMUNAUTÉ

Alicia Rodriguez

LA BANQUE

Un livre de la collection Les racines de Crabtree

CRABTREE
Publishing Company
www.crabtreebooks.com

Soutien de l'école à la maison pour les parents, les gardiens et les enseignants

Ce livre aide les enfants à se développer grâce à la pratique de la lecture. Voici quelques exemples de questions pour aider le lecteur ou la lectrice à développer ses capacités de compréhension. Les suggestions de réponses sont indiquées en rouge.

Avant la lecture

- De quoi ce livre parle-t-il?
  - *Je pense que ce livre parle de ce que je peux voir quand je vais dans une banque.*
  - *Je pense que ce livre explique à quoi sert une banque.*
- Qu'est-ce que je veux apprendre sur ce sujet?
  - *Je veux apprendre ce qu'on retrouve à l'intérieur d'une banque.*
  - *Je veux savoir de quelle taille peut être une banque.*

Pendant la lecture

- Je me demande pourquoi...
  - *Je me demande pourquoi il existe différents types de banques.*
  - *Je me demande pourquoi certaines banques ont des boîtes de dépôt.*
- Qu'est-ce que j'ai appris jusqu'à présent?
  - *J'ai appris que je peux déposer un chèque à la banque.*
  - *J'ai appris que les banques gardent l'argent en sécurité.*

Après la lecture

- Nomme quelques détails que tu as retenus.
  - *J'ai appris que je peux utiliser une carte bancaire à la banque.*
  - *J'ai appris que l'argent sort des guichets automatiques.*
- Lis le livre à nouveau et cherche les mots de vocabulaire.
  - *Je vois le mot **banque** à la page 3 et le mot **chèque** à la page 7. Les autres mots de vocabulaire se trouvent à la page 14.*

Nous allons à
la **banque**.

Nous pouvons déposer de l'argent à la banque.

0095
1-1367/260
411

DATE 10-8-2022

$ 100.00

PAY TO THE ORDER OF Sue Smith

One hundred dollars DOLLARS

Glen Thomas

FOR Happy Birthday!

⑈000095⑈

Nous pouvons déposer un **chèque** à la banque.

Nous pouvons utiliser notre **carte bancaire**.

Nous pouvons retirer de l'argent au **guichet automatique**.

Nous pouvons mettre des choses dans une **boîte de dépôt**.

602 605 618 632 635 648
603 606 619 633 636 649
607 620 637 650
608 621 638 651
609 622
661 664 677 691 694
662 665 678 692 695
663 666 679 693 696
667 680 697 710
668 681 698 711
669 682 699 712
670 683 700 713
671 684 701 714

La banque garde notre argent en sécurité.

Liste de mots

Mots courants

à
allons
argent
choses
dans
de
déposer
garde
la
mettre
notre
nous
pouvons
retirer
un
une
utiliser

La boîte à mots

banque

boîte de dépôt

carte bancaire

chèque

guichet automatique

52 mots

Nous allons à la **banque**.

Nous pouvons déposer de l'argent à la banque.

Nous pouvons déposer un **chèque** à la banque.

Nous pouvons utiliser notre **carte bancaire**.

Nous pouvons retirer de l'argent au **guichet automatique**.

Nous pouvons mettre des choses dans une **boîte de dépôt**.

La banque garde notre argent en sécurité.

Je découvre ma communauté

Alicia Rodriguez

LA BANQUE

CRABTREE
Publishing Company

Autrice : Alicia Rodriguez
Conception : Rhea Wallace
Développement de la série : James Earley
Correctrice : Janine Deschenes
Conseils pédagogiques : Marie Lemke M.Ed.
Traduction : Annie Evearts
Coordinatrice à l'impression : Katherine Berti
Références photographiques : Shutterstock : Dmitry Rukhlenko : couverture (haut gauche et droite); Pablo Wilson : couverture (bas); Anton Violin : p. 3, 14; Jason Kolenda : p. 5; jimeone : p. 6, 14; tanja-v : p. 8, 14; goffkein.pro : p. 9, 14; worldpics : p. 11, 14; Andrey_Popov : p. 13

Crabtree Publishing Company

www.crabtreebooks.com 1-800-387-7650

Copyright © 2022 **CRABTREE PUBLISHING COMPANY**

Tous droits réservés. Aucune partie de cette publication ne doit être reproduite ou transmise sous aucune forme ni par aucun moyen, électronique, mécanique, par photocopie, enregistrement ou autrement, ou archivée dans un système de recherche documentaire, sans l'autorisation écrite de Crabtree Publishing Company. Au Canada : Nous reconnaissons l'appui financier du gouvernement du Canada par l'entremise du Fonds du livre du Canada pour nos activités de publication.

Publié aux États-Unis
Crabtree Publishing
347 Fifth Avenue
Suite 1402-145
New York, NY, 10016

Publié au Canada
Crabtree Publishing
616 Welland Ave.
St. Catharines, Ontario
L2M 5V6

Imprimé au Canada/072021/CPC

Catalogage avant publication de Bibliothèque et Archives Canada

Titre: La banque / Alicia Rodriguez ; texte français d'Annie Evearts.
Autres titres: Bank. Français
Noms: Rodriguez, Alicia, auteur.
Description: Mention de collection: Je découvre ma communauté | Collection Crabtree "Les racines" | Traduction de : Bank.
Identifiants: Canadiana (livre imprimé) 20210256591 | Canadiana (livre numérique) 20210256613 | ISBN 9781039604971 (couverture souple) | ISBN 9781039605039 (HTML) | ISBN 9781039605091 (EPUB) | ISBN 9781039605152 (livre numérique avec narration)
Vedettes-matière: RVM: Banques—Ouvrages pour la jeunesse.
Classification: LCC HF1609 .R6314 2022 | CDD j332.1—dc23